Jutema Hebo Quitumba

PEDAGOGIA DO EVANGELHO

Jutema Hebo Quitumba

PEDAGOGIA DO EVANGELHO

A Proficiência da Fé

CREDO EDICIONES

Imprint
Any brand names and product names mentioned in this book are subject to trademark, brand or patent protection and are trademarks or registered trademarks of their respective holders. The use of brand names, product names, common names, trade names, product descriptions etc. even without a particular marking in this work is in no way to be construed to mean that such names may be regarded as unrestricted in respect of trademark and brand protection legislation and could thus be used by anyone.

Cover image: www.ingimage.com

Publisher:
CREDO EDICIONES
ist ein Imprint der / is a trademark of
Dodo Books Indian Ocean Ltd. and OmniScriptum S.R.L publishing group

120 High Road, East Finchley, London, N2 9ED, United Kingdom
Str. Armeneasca 28/1, office 1, Chisinau MD-2012, Republic of Moldova, Europe
Printed at: see last page
ISBN: 978-613-6-26877-4

À D. Joana Mujoco José Meno Quitumba, minha amada esposa, e à Kieza Maria Meno Quitumba, nossa querida filha.

"Por isso, deixando os rudimentos da doutrina de Cristo, prossigamos até à perfeição, não lançando de novo o fundamento do arrependimento de obras mortas e de fé em Deus, e da doutrina dos baptismos, e da imposição das mãos, e da ressurreição dos mortos, e do juízo eterna" *(Hebreus 6:1-2).*

Índice

CAPITULO1:INTRODUÇÃO GERAL

Prolegómenos

A obra adquire relevância ao demonstrar que a proficiência no Evangelho capacita o cristão a exercer influência tangível, garantindo que os conteúdos do Evangelho — exemplificados em passagens como Mateus 4:4, Romanos 12:2 e João 1:12 — proporcionem uma visão integrada dos benefícios que o cristão tem sobre o mundo visível.

Os desafios da Nova Realidade Cristã são abordados integrando a busca pela Segurança Cognitiva (SC), infiltradas nas nuances do evangelho (João 1:12; Hebreus 6:1; Romanos 12:2).

O livro vai além dos rudimentos da doutrina de Cristo conforme Hebreus 6 e, explora profundamente os ensinamentos de Cristo, enfatizando-se a Renovação Mental (RM) como essencial e uma técnica confiável de SC para nutrição epistemológica do "Homem interior", aqui referido como "Sujeito Cognitivo" (2 Coríntios 5:17, João 1:12, Efésios 2:10, Romanos 12:2, 2 Coríntios 4:16). Capacitado a garantir a metamorfose e motivado a fazer o bem, busca-se pela RM para transcender de um estado de mera existência (criatura de deus) para uma plenitude de vida (Filho de Deus)" (2 Coríntios 5.17 e João 1:12).

O "Sujeito Cognitivo", uma metáfora para a mente recriada e renovada pelo Evangelho, recebe, através do livre-arbítrio concedido por Deus, a capacidade de realizar acções que não dependem apenas da vontade consciente, mas também de uma transformação profunda endógena influenciada pelo Evangelho (Romanos 1.16-17; 12.2; Mateus 4.4). Explora-se como o "Sujeito Cognitivo", dotado do livre-arbítrio fenomenológico de Deus (João 1:12), deve agir naturalmente como resultado desse estado renovado e das decisões tomadas (Romanos 12.2

"Versão Almeida Revista e Atualizada: "Mas a todos quantos o receberam, a eles deu o poder de se tornarem filhos de Deus, a saber, aos que creem no seu nome."

Versão Nova Versão Internacional (NVI): "Contudo, aos que o receberam, aos que creram em seu nome, deu-lhes o direito de se tornarem filhos de Deus.

Versão Tradução Brasileira (TB): "Mas, a todos quantos o receberam, deu-lhes o poder de serem feitos filhos de Deus, a saber, aos que crêem no seu nome." João 1.12.

Versão (ARA): "Por isso, deixando os rudimentos da doutrina de Cristo, prossigamos até à perfeição, não lançando de novo o fundamento do arrependimento de obras mortas e de fé em Deus, da doutrina dos batismos, da imposição das mãos, da ressurreição dos mortos e do juízo eterno."

Versão (NVI): "Portanto, deixemos os ensinos elementares a respeito de Cristo e avancemos para a maturidade, sem lançar novamente o fundamento do arrependimento de atos que conduzem à morte, da fé em Deus, da instrução sobre batismos, da imposição de mãos, da ressurreição dos mortos e do juízo eterno."

Versão (TB): "Por isso, deixando os rudimentos da doutrina de Cristo, prossigamos até à perfeição, não lançando de novo o fundamento do arrependimento de obras mortas e de fé em Deus, da doutrina dos batismos, da imposição das mãos, da ressurreição dos mortos e do juízo eterno." Hebreus 6.1-2:

"Versão (ARA): "E não vos conformeis com este século, mas transformai-vos pela renovação da vossa mente, para que experimenteis qual seja a boa, agradável e perfeita vontade de Deus."

Versão (NVI): "Não se amoldem ao padrão deste mundo, mas transformem-se pela renovação da sua mente, para que sejam capazes de experimentar e comprovar a boa, agradável e perfeita vontade de Deus."

Versão (TB): "E não vos conformeis com este mundo, mas transformai-vos pela renovação da vossa mente, para que experimenteis qual seja a boa, agradável e perfeita vontade de Deus.". Romanos 12.2.

É necessário ir além dos ensinamentos elementares da doutrina para alcançar uma compreensão mais rica e plena do Evangelho. Interroga-se sobre a eficácia hermenêutica dos rudimentos da doutrina "Teologia do Pecado" e o sua ineficácia (nos dias de hoje) a Nova Realidade em Cristo".

Defende-se que, num contexto em que o cristão é nova criação gerada por Deus, o ensino da "Teologia do Pecado" apesar de credível, desvia-se da essência do Evangelho, cuja centralidade hermenêutica é Cristo. A teologia do Pecado não explora plenamente os tesouros da sabedoria e do conhecimento contidos no Evangelho.

Por todas essas razões afirmamos; sem a compreensão da perfeição, o conceito de pregação do Evangelho permanece superficial e incompleto. A mensagem de perfeição humana é imperativa de pregação para o presente século XXI.

Deve-se avançar para além da compreensão elementar do pecado e salvação. Em vista disso, colocamos em causa e questionamos:

Quanto mais compreendemos o Evangelho, menos pulsões de culpa há.

Pregar o pecado é tornar vã a cruz de Cristo.

O que aconteceria com o pensamento nas comunidades religiosas contemporâneas se a ênfase teológica do ensino convencional sobre pecado e morte fosse substituída por uma pregação mais vinculada à realidade da nova Criação, conforme Hebreus 6.1?

O que aconteceria se reconsiderássemos o ensino teológico tradicional, baseado nos conceitos de pecado e morte, e avançássemos para pregar a perfeição humana?

Palavras-chave:

Segurança Cognitiva; Pecado; Perfeição Humana

1.2. Objectivo do Livro

Levando em consideração o âmago *conteudinal* do livro, foram reformulados quatro objectivos, a saber:

Promover a Proficiência na aprendizagem dos ensinamentos da Bíblia Sagrada mais vinculado com a busca pela perfeição e não apenas aos ideais teológicos rudimentares.

Estimular a reflectirem sobre suas crenças e práticas religiosas para alcançar uma compreensão mais rica e plena do Evangelho. Reflexão e a Renovação Mental através do Ensino do Evangelho

Incentivar a Renovação Mental através do Ensino (de uma Abordagem Holística do Evangelho): Desafia-se os leitores a questionarem concepções tradicionais impostas e/ou adquiridas, para alcançar uma compreensão mais rica e plena do Evangelho.

Fomentar a Técnica de Segurança Cognitiva e a Continuidade da Pesquisa e do Estudo do Evangelho: Sugere-se textos essenciais para o aprofundamento e a pregação da Perfeição Humana.

1.3. Relevância do Estudo

O estudo presente no livro "Pedagogia do Evangelho: Proficiência da Fé" é relevante por várias razões, destacando-se quatro principais:

Integração de Fé e Ciência:
Complementaridade entre Áreas: O livro aborda a complementaridade que une fé e ciência, duas áreas aparentemente distintas. Esta integração oferece uma perspectiva inovadora para a pesquisa académica, especialmente na área das Ciências da Educação.

Perspectiva Inovadora: Apresentando uma abordagem inovadora para a educação e a formação cristã, o livro promove uma maior consciência e clareza sobre o significado do Evangelho no contexto educacional e formativo.

Impacto Teológico:

Nova Perspectiva sobre o Pecado: O estudo desafia a "Teologia do Pecado" convencional e propõe uma abordagem focada nas aprendizagens significativas ensinadas no Evangelho. Esta nova perspectiva pode revolucionar a compreensão e a reinterpretação do Evangelho, conforme o desejo de Deus: "o qual deseja que todas as pessoas sejam salvas e cheguem ao pleno conhecimento da verdade." (1 Timóteo 2:4).

Conceito de "Segurança Cognitiva":
Falar de 'Segurança Cognitiva' é falar de pensar por evidência. Neste sentido, a ideia do conceito de 'Segurança Cognitiva' infiltra-se nos significados dos conteúdos curriculares expressos em Mateus 4:4 e Romanos 12:2, promovendo uma nova forma de pensar sobre o Evangelho e o desenvolvimento pessoal sustentado.

> "versão (ACF):"Ele, porém, respondendo, disse: Está escrito: 'Nem só de pão viverá o homem, mas de toda a palavra que sai da boca de Deus.'" [1]
> versão (NVI):"Jesus respondeu: 'Está escrito: Nem só de pão viverá o homem, mas de toda palavra que procede da boca de Deus.'" [2]
> Nova Tradução na Linguagem de Hoje (NTLH):"Jesus respondeu: 'As Escrituras Sagradas afirmam: 'O ser humano não vive só de pão, mas vive de tudo o que Deus diz.'"

Destaca-se que a 'Segurança Cognitiva' não é apenas uma mudança temporária, mas sim um processo de cultivar crescimento contínuo e consistente ao longo do tempo, conforme indicado em Romanos 12:2. Daí que, o pecado e o perdão são percebidos como condições complexas de matriz cognitiva, afectando profundamente a pessoa em todos os aspectos: espiritual, psicológico e físico. Neste contexto, o conceito de "Segurança Cognitiva" é uma nova forma de pensar sobre o desenvolvimento pessoal sustentado (Mateus 4:4)

Por todas essas razões, o pecado pode ser evitado. A pessoa peca porque quer pecar. Não se trata de uma natureza humana, mas sim de uma condição de escolha de matriz cognitiva, sugerindo-se a pensar por evidência.

Desenvolvimento de Competências:

A perfeição humana é apresentada como uma condição possível de ser alcançada através da Técnica de Renovação Mental (TRM), apelidada neste trabalho como conceitos de Segurança Cognitiva (SC). Esses conceitos, cuja centralidade hermenêutica nos conduz à ideia de aprendizagem significativa do Evangelho (Mateus 5:48 e Mateus 4:4, Romanos 12:2 e Hebreus 6:1), promovem uma abordagem holística para a renovação da mente e o desenvolvimento pessoal sustentado.

Ao adoptar a TRM ou SC, os indivíduos são incentivados a uma transformação profunda e duradoura, alinhando-se com os princípios e ensinamentos do Evangelho para alcançar uma condição de plenitude e excelência, conforme expresso nas referências bíblicas citadas.

1.4. Metodologia

A Pedagogia do Evangelho adopta uma abordagem de Matriz Cognitiva, cuja análise crítica dos conteúdos curriculares visa a proficiência, delineada pela complementaridade dos conteúdos nucleares significativos, para a compreensão e interpretação daquilo que Jesus ensinou, fez e orientou para ser feito, amoldando-se à normativa e formato da American *Psychological Association* (APA) para a redação textual.

CAPÍTULO 2: DE QUE APRENDIZAGENS NECESSITAM O CRISTÃO DO SÉCULO XXI?

Dilema Epistemológico do Evangelho no Campo do Escrutínio

O conceito de pecado, associado à morte eterna, é transmitido pelas Igrejas estabelecidas como uma ferramenta para instilar medo nos fiéis. Isso cria uma atmosfera psicologicamente opressiva e espiritualmente carregada de apreensão. Esta abordagem, que denomino neste livro como "Teologia do Pecado", concentra-se nos fundamentos da doutrina, relegando para segundo plano a busca pela perfeição humana. Ancorada na ideia de salvação como um todo coerente e unificado, revela-se resistente devido a tradições arraigadas, muitas vezes indisposta ao diálogo aberto e inclusivo.

Líderes religiosos e membros da comunidade, em geral, perpetuam o ensino do pecado em detrimento da perfeição humana. A pregação constante gira em torno da culpabilização, forçando a ideia de que todos são pecadores em todos os aspectos da vida. Associada a um enfoque extremamente rígido na questão do dízimo, frequentemente explorado como uma obrigação religiosa, esta abordagem também merece uma consideração crítica.

É fundamental afirmar que a perfeição humana é a pedagogia que permeia, orienta e fundamenta os ensinamentos do Evangelho. Reconhece tanto os benefícios potenciais de se tornar uma nova criatura quanto os desafios inerentes a essa decisão. A busca pela perfeição humana é uma parte intrínseca dos ensinamentos do Evangelho. Isso significa que a mensagem do Evangelho não apenas reconhece, mas também promove activamente o ideal de alcançar a perfeição moral e espiritual.

A perfeição humana, então, não é apenas um objectivo distante, mas sim um componente fundamental do caminho ensinado pelo Evangelho, implicando que é algo a ser buscado e vivenciado no contexto da fé cristã.

Salienta-se a relevância e o significado da perfeição humana dentro do contexto dos ensinamentos do Evangelho.

O conceito de "Pedagogia do Evangelho" e sua relação com a ciência da fé levantam questões críticas sobre a interpretação dos conteúdos curriculares significativos do Evangelho.

Torna-se essencial analisar como a pregação religiosa da comunidade teológica moderna se relaciona com os ensinamentos originais do Evangelho, proporcionando uma compreensão mais aprofundada do contexto cristão religioso actual.

Aqui, a palavra "pedagogia" refere-se ao método ou processo de ensino e aprendizagem, evidenciado pela busca da perfeição humana, que não é apenas um conceito, mas também uma abordagem educacional e de ensino promovida pelo Evangelho.

A perfeição humana serve como um padrão ou referência para os ensinamentos do Evangelho. A compreensão abrangente que os ensinamentos do Evangelho têm sobre a busca pela perfeição humana reconhece tanto os benefícios, como a transformação positiva que ocorre ao se tornar uma nova criatura, quanto os desafios, como as dificuldades e obstáculos que podem surgir ao longo desse processo.

O desafio persiste na forma como a Igreja formal e seus autoproclamados "apóstolos e profetas" continuam a ensinar de maneira incisiva uma fé que retrata os seres humanos em toda a sua pecaminosidade e necessidade de salvação.

No entanto, essa abordagem levanta dúvidas quanto à sua coerência com os princípios fundamentais do Evangelho.

Aprendemos que Jesus, sendo perfeito, cumpriu sua missão ao morrer e salvar a humanidade do pecado original. Por essa razão, a Igreja não pode estagnar na pré-evangelização que enfatiza a natureza pecaminosa, girando em torno da culpabilização pelo pecado original, um pacto já extinto aos olhos da Nova Aliança:

> "(ACF):"Porque sabemos que, se a nossa casa terrestre deste tabernáculo se desfizer, temos de Deus um edifício, uma casa não feita por mãos, eterna, nos céus." [1]
> (NVI):"Sabemos que, se for destruída a temporária habitação terrena em que vivemos, temos da parte de Deus um edifício, uma casa eterna no céu, não construída por mãos humanas."
> (NTLH):"Jesus respondeu: 'As Escrituras Sagradas afirmam: 'O ser humano não vive só de pão, mas vive de tudo o que Deus diz.'" (2 Coríntios 5.17).

Agora, Não Sou um Pecador, Sou a Imagem de Deus

Ao reforçar a ideia de que todos são pecadores em todos os aspectos da vida, a pregação da pecaminosidade torna-se uma ameaça de perdição eterna.

Portanto, justificados pela fé, temos paz com Deus por meio de nosso Senhor Jesus Cristo. Cristo Jesus tem o poder de tirar o pecado do mundo pela fé. Ele morreu e ressuscitou para garantir a nossa salvação. Porque Deus derramou seu amor em nossos corações por meio do Espírito Santo que ele nos concedeu:

> "Portanto, ao sermos justificados pela fé, temos paz com Deus por meio de nosso Senhor Jesus Cristo. Por meio dele, também obtivemos acesso, pela fé, a esta graça na qual estamos firmes, e nos gloriamos na esperança da glória de Deus. E não apenas isso, mas também nos gloriamos nas tribulações, sabendo que a tribulação produz perseverança; a perseverança, um caráter aprovado; e o caráter aprovado, esperança. E a esperança não nos decepciona, porque Deus derramou seu amor em nossos corações por meio do Espírito Santo que ele nos concedeu." (Romanos 5.1-5).

A teologia do pecado impõe a ideia de que todos são pecadores. Essa noção que, apesar de aparentemente credível, é falsa e desmentida nos termos seguintes: "Não mintais uns aos outros, pois que já vos despistes do velho homem com os seus feitos e vos vestistes do novo, que se renova para o conhecimento, segundo a imagem daquele que o criou." (Colossenses 3:9-10):

> ".(ACF):"Não mintais uns aos outros, pois que já vos despistes do velho homem com os seus feitos, e vos vestistes do novo, que se renova para o conhecimento, segundo a imagem daquele que o criou."
>
> Reina-Valera 1960 (RVR1960):"No mintáis los unos a los otros, habiéndoos despojado del viejo hombre con sus hechos, y revestido del nuevo, el cual conforme a la imagen del que lo creó se va renovando hasta el conocimiento pleno."
>
> Nova Almeida Atualizada (NAA):"Não mintam uns aos outros, uma vez que vocês se despiram da velha natureza com as suas práticas e se revestiram da nova natureza que se renova para o pleno conhecimento, segundo a imagem daquele que a criou." Colossenses 3:9-10).

Persistir na promoção da pecaminosidade em detrimento da perfeição coloca a Igreja Formal "TEMPLISTA" em desobediência ao Evangelho. Pois, Hebreus 6.1exorta:

> "Pelo que, deixando os rudimentos da doutrina de Cristo, prossigamos até à perfeição, não lançando de novo o fundamento do arrependimento de obras mortas e de fé em Deus".

Somos necessariamente novas criaturas, pelo que todos nós nos devemos preparar convenientemente para experimentar a boa, agradável, e perfeita vontade de Deus. É o que o Evangelho ensina: "Assim, se alguém está em Cristo, é nova criatura; as coisas antigas já passaram; eis que se fizeram novas " (2 Coríntios 5:17). Pode-se reiterar com firmeza que um cristão não é um pecador, mas alguém já recriado (João 1.12 e Colossenses 3:9-10).

Efetivamente, os cristãos não devem aceitar cegamente o que é ensinado pelas igrejas legalizadas. A busca pela perfeição está em conformidade com a orientação do Evangelho. Como filhos de Deus (João 1:12), os cristãos devem ser ativos na busca da verdade, verificando a veracidade das mensagens (Atos 17:11).

O cristão deve questionar os ensinamentos das autoridades religiosas e reflectir sobre como seguir o Evangelho. Ao aceitar Jesus Cristo, passa por uma transformação, abandonando os seus pecados antigos.

É, portanto, fundamental promover uma pregação que encoraje uma vida genuína, alinhada com os princípios do Evangelho, superando as práticas enraizadas na tradição religiosa e/ou teológica.

Devemos escrutinar meticulosamente as mensagens pregadas para assegurar a sua veracidade, em vez de as seguir cegamente.

A base ou fundamento para viver de acordo com os princípios cristãos, isto é, o modo de vida cristão, encontra-se na combinação dos ensinamentos presentes em 2 Coríntios 5:17 e Romanos 12:2. Estes versículos bíblicos fornecem orientações sobre como viver uma vida transformada por Cristo e renovada em mente, conforme a vontade de Deus.

Assim, é vital promover uma pregação que incentive uma vida autêntica, de acordo com os princípios do Evangelho, superando as práticas tradicionais.

Neste contexto, incentiva-se o cristão a questionar os ensinamentos das autoridades religiosas, especialmente à luz da advertência em 1 Timóteo 4:1-4 acerca do surgimento de doutrinas falaciosas e espíritos enganadores nos últimos tempos.

Seguindo o Evangelho, o cristão experimenta uma transformação espiritual que o liberta do seu passado pecaminoso. Devemos examinar com atenção as mensagens pregadas para garantir a sua autenticidade, evitando cair nas armadilhas da hipocrisia e da falsidade, conforme exemplificado em Atos 17:11em termos das traduções seguintes:

> "Almeida Revista e Atualizada: "Ora, estes de Beréia eram mais nobres que os de Tessalónica; pois receberam a palavra com toda a avidez, examinando as Escrituras todos os dias para ver se as coisas eram, de fato, assim."
>
> Nova Versão Internacional: "Os bereanos eram mais nobres do que os tessalonicenses, pois receberam a mensagem com grande interesse, examinando todos os dias as Escrituras, para ver se tudo era assim mesmo."
>
> Tradução Brasileira:"Ora, estes de Beréia eram mais nobres do que os de Tessalônica; pois receberam a palavra com toda a avidez, examinando as Escrituras todos os dias para ver se as coisas eram, de fato, assim."Atos 17:11.

A Natureza Humana na Tradição Cristã

O debate sobre a natureza humana no cristianismo não é apenas teórico. A visão tradicional cristã sustenta que a humanidade é intrinsecamente pecadora, uma herança da desobediência de Adão e Eva no Jardim do Éden. Esse estado de pecado original, transmitido de geração em geração, manifesta-se através de inclinações para o egoísmo, rebeldia contra Deus e transgressão dos mandamentos bíblicos.

Se, por um lado, a perspectiva tradicional salienta a necessidade de redenção e transformação espiritual, por outro lado, uma visão alternativa enfatiza a importância da escolha individual na busca pela rectidão e obediência. Este livro, contudo, propõe uma abordagem alternativa, destacando a capacidade de escolha de obedecer como filhos, fundamentada na fé em Jesus Cristo (2 Coríntios 5.17 e Romanos 12.2), pilares essenciais neste percurso de transformação interior.

Neste exercício de reinterpretação académica no ensino do Evangelho, os indivíduos podem optar por alinhar-se e escolher obedecer a Deus, renovando as suas mentes.

Isto implica que a natureza humana não é intrinsecamente pecadora, pois possui a capacidade de fazer escolhas que conduzem à conformidade com a vontade de Deus.

Em última análise, a questão da natureza humana continua a desafiar e enriquecer o pensamento teológico tradicional, ao mesmo tempo que oferece uma nova compreensão à humanidade e aos cristãos sobre a condição humana e o papel do arrependimento em Jesus Cristo.

Tanto os rudimentos quanto a perfeição são conteúdos do evangelho, mas pertencem a contextos específicos. Como é sabido, os conteúdos do evangelho estão em constante evolução.

O evangelho é dinâmico: "Passará o céu e a terra, mas as minhas palavras não passarão" (Mateus 24:35). Ademais, "a palavra do Senhor permanece para sempre. E esta é a palavra que vos foi evangelizada" (1 Pedro 1:25). Por fim, recordemos que "Jesus Cristo é o mesmo, ontem, e hoje, e eternamente" (Hebreus 13:8). Esta discussão nos leva a um consenso: Independentemente da perspectiva teológica específica que adoptemos, Deus é luz e nele não há trevas. A treva simboliza o pecado, e o Cordeiro de Deus veio para tirar o pecado do mundo, e este ato está consumado. No entanto, uma nova natureza humana está disponível para ser acessada, mediante o Novo Nascimento (João 3:7-8).

Além disso, há uma promessa de transformação disponível para a humanidade. Através do processo espiritual conhecido como Novo Nascimento, descrito em João 3:7-8, somos convidados a entrar numa nova realidade de existência, uma que nos concede não apenas entrada, mas também adopção de uma nova natureza caracterizada pela luz e pela vida.

A Mensagem do evangelho: A Boa Notícia

Neste subtema, exploraremos a mensagem transformadora do Evangelho que nos liberta do pecado e das amarras religiosas. Baseados em Mateus 18:20 e Mateus 23:9, reflectiremos sobre como a liberdade oferecida por Cristo supera as barreiras das tradições religiosas, permitindo que cada pessoa viva essa liberdade em sua jornada de fé.

A narrativa bíblica em Gênesis 3 descreve a origem do pecado com a desobediência de Adão e Eva, marcando o início da separação da humanidade de Deus.

No entanto, a queda de Lúcifer, detalhada em Isaías 14:13-14, prenuncia essa transgressão, estabelecendo o pecado como uma força presente antes mesmo da tentação no Jardim do Éden. A promessa divina em Gênesis 3:15, que anuncia a vitória sobre o pecado e Satanás, inaugura o protoevangelho, o primeiro anúncio da Boa Nova. O Evangelho nos assegura que, através de Jesus, somos libertados do jugo do pecado. Esta é uma verdade que transcende todas as denominações cristãs.

A liberdade em Cristo é uma realidade acessível a todos, independentemente de sermos católicos, protestantes, adventistas, pentecostais ou de qualquer outra tradição cristã.

Não estamos confinados às estruturas formais da religião, mas somos chamados a viver pela fé e em comunhão com aqueles que compartilham desta mesma convicção.

Jesus Cristo é o verdadeiro líder espiritual, e não precisamos depender de intermediários humanos para alcançar a graça e a redenção. Mateus 18:20 nos lembra que, onde dois ou três se reúnem em Seu nome, Ele está entre eles, sublinhando a importância da comunhão directa com o Salvador.

A mensagem do Evangelho é uma proclamação de liberdade - liberdade do pecado e das restrições das tradições religiosas.

Como cristãos, somos convidados a abraçar essa liberdade, reconhecendo Jesus como nosso Salvador e líder espiritual, e a viver uma vida de fé e comunhão com Deus. Que esta Boa Notícia continue a inspirar e guiar nosso caminho na verdade e vida eterna.

CAPÍTULO 3: QUESTÕES DE FUNDO DO EVANGELHO NA ACTUALIDADE

A Teologia do Pecado: Reflexões sobre Culpa e Medo

A Teologia do Pecado foi ao longo dos séculos, abordados inúmeras vezes com ênfase na culpabilidade do ser humano e na necessidade de libertação. Como já foi discutido a origem do pecado e a sua extinção são um factos consumados: "Porque, assim como todos morrem em Adão, assim também todos serão vivificados em Cristo." 1 Coríntios 15.22.

A "Teologia do Pecado" frequentemente destaca a culpa e o medo como elementos centrais. Ela tende a enquadrar os seres humanos como pecadores necessitados de redenção e perdão, permeando todos os aspectos da vida, inclusive nas relações familiares. Essa abordagem afecta a mentalidade colectiva.

A base psicológica e espiritual dessa abordagem frequentemente gera temor e ansiedade, enfatizando a imperfeição e a condenação.

Embora a "Teologia do Pecado" possa oferecer uma compreensão profunda da necessidade da salvação, a Pedagogia do Evangelho levanta questões sobre seu impacto na real na vida dos crentes.

O livro enfatiza que o pecado está extinto na vida do cristão. É o que está escrito em Romanos 6.14, cuja ideia implícita é a existência de uma Nova Realidade de Vida Espiritual apresentada em 2 Coríntios 5.17.

Argumenta-se que, agindo em conformidade com a Palavra de Deus, como indicado em Romanos 12.2, o cristão se torna incapaz de pecar.

Enquanto a abordagem tradicional enfatiza a necessidade de reconhecer o pecado e buscar a redenção, a perspectiva de a Pedagogia do Evangelho levanta desafios contemporâneos que nos convida a considerar como a Nova Realidade Cristã transcende a "Teologia do Pecado" que é uma parte intrínseca da tradição cristã.

Enquanto reconhecemos a realidade do pecado, é igualmente importante destacar a graça e a liberdade que encontramos em Cristo como aspectos fundamentais do Evangelho.

Para o presente século XXI o cerne da mensagem cristã deve ser a libertação e a transformação que a fé em Jesus oferece, proporcionando uma Nova Realidade que transcende como já referido a abordagem tradicional da "Teologia do Pecado."

Que esta reflexão nos inspire a buscar a verdade e a liberdade no nosso caminho da verdade e da vida eterna.

A perfeição é doutrina do Evangelho: Não nos deixemos enganar!
Crer e amadurecer ultrapassam a simples crença em Deus; é um convite ao conhecimento. Mais do que apenas entender a Bíblia Sagrada, é importante compreender os contextos, tendo em conta as alianças prévias estabelecidas e os propósitos subjacentes à sua interpretação.

Compreender a fé não é somente aceitar doutrinas, mas sim mergulhar nos tesouros da sabedoria e do conhecimento, explorando a relação entre Deus, a humanidade e as promessas de Deus.

No que diz respeito à Perfeita Reconciliação com Deus, há muito por aprender e desaprender, especialmente na ausência de uma palavra revelada. É importante reconhecer que a perfeição, alcançada por Cristo há mais de 2000 anos, está também ao nosso alcance.

É lamentável constatar que o sistema religioso e muitas igrejas ainda persistem em pregar um Evangelho limitado, influenciado por interpretações intencionais e ancorado na Antiga Aliança. Isso perpetua a concepção de que o pecado, o dízimo e a morte lançam a humanidade nas trevas, muitas vezes obscurecendo a mensagem da Perfeita Reconciliação com Deus e afastando as pessoas da Sã Doutrina.

Como evangelistas do século XXI, comprometemo-nos a disseminar a Sã Doutrina, cujo foco está em cuidar da alma e/ou da nossa mente (Sujeito Cognitivo) através da "Segurança Cognitiva" e da Técnica de Renovação Mental, para discernir a vontade perfeita de Deus. Cientes dos desafios do século XXI, procuramos relevância ao despertar a consciência da existência para a vivência humana, contextualizando-as na Nova Aliança."

Hoje em dia, muitos que se reconhecem como *"templistas"* reservam os seus momentos de culto religioso nos templos para os dias de sábado ou domingo. Esta reflexão convida-nos a uma análise mais aprofundada sobre o autêntico significado da salvação, uma realidade que ultrapassa as fronteiras do templo e os dias consagrados de sábado ou domingo.

Muitos fiéis, envolvidos em práticas religiosas e possivelmente sem acesso a toda a informação necessária, procuram com fervor um reino que, de acordo com as Escrituras, já se encontra estabelecido no íntimo de cada ser (conforme João 1:12).

Frequentemente, a atenção é desviada para as formalidades exteriores, em detrimento da vivência espiritual intrínseca. É essencial reconhecer que entender a verdadeira natureza da fé vai além de cerimónias e estruturas eclesiásticas.

A ênfase desmedida nas exterioridades contrapõe-se à experiência endógena, que é essencial para compreender a verdadeira essência da fé, algo que vai muito além de rituais e edifícios de culto. 1 Coríntios 3:16 recorda-nos que, como cristãos, somos exortados à introspecção, reconhecendo-nos como santuários vivos de Deus, onde a presença divina e a interioridade do ser humano se entrelaçam de forma íntima

A busca por Deus, tal como é proposta, não deve ser confundida com uma peregrinação externa, definida por rituais e locais consagrados. Em vez disso, é um percurso endógeno, um encontro íntimo e profundo com a Palavra de Deus e a autoridade que emana do nome de Jesus, o Cristo. A fé, quando edificada sobre estes alicerces, torna-se a bússola que orienta os fiéis no caminho da proficiência e de uma mente renovada.

Nem o templo, nem o sábado, tampouco o domingo conduzem à salvação: "*Sola Fide*"

O tema central da salvação frequentemente evoca debates e interpretações diversas. Neste subtema, exploramos a perspectiva de que nem a frequência ao templo, nem a observância do sábado ou domingo, por si só, garantem a salvação.

Hoje, enfatiza-se a contínua acção do Espírito Santo na vida dos crentes cristãos como parte do processo de anulação do pecado (Mateus 4.4 e Romanos 12.2).

Crentes religiosos que talvez não tenham aprendizagens essenciais buscam desesperadamente por um reino que, na verdade, já está dentro deles. E são incapazes de perceber que o Governo de Deus, neste e no vindouro século, é essencialmente Espiritual".

Não é necessário procurar fora de nós, pois a presença do Reino de Deus já reside em cada novo convertido (João 1.12). É fundamental compreender que a verdadeira fé transcende os rituais e templos físicos. Em nosso caminho como cristãos, somos chamados a olhar para dentro, reconhecendo que somos santuários de Deus (1 Coríntios 3:16).

O fundamento dessa reflexão repousa no princípio da "Sola Fide", destacado em Efésios 2:8-9.

A expressão "Sola Fide" é latina, no contexto teológico, é usada como um termo técnico que resume uma doutrina essencial da fé protestante.

Foi particularmente enfatizada por Martinho Lutero, um dos principais líderes da Reforma Protestante, que argumentava que a justificação pela fé era a doutrina central do Cristianismo. Isso significava para muitos protestantes, a salvação era alcançada unicamente através da fé em Jesus Cristo, sem a necessidade de intermediários, obras ou rituais.

A ideia é que práticas religiosas externas, como frequentar o templo ou observar dias sagrados (sábado ou domingo), não são o caminho para a salvação. Em vez disso, está então mais vinculada com as decisões endógenas fundamentadas do Evangelho do que com as exógenas em conceito do templo ou observar dias sagrados (sábado ou domingo).

"A busca por Deus deve ser feita através do evangelho, 'pois não me envergonho do evangelho, porque é o poder de Deus para a salvação de todo aquele que crê; primeiro do judeu, assim como do grego' (Romanos 1:16). O termo 'grego' é frequentemente usado para se referir a todos os povos não judeus.

Acredita-se que o Evangelho, ou seja, as boas novas da salvação por meio de Jesus Cristo, tenha o poder divino de transformar e salvar aqueles que depositam sua fé nele. Esta é uma mensagem central do cristianismo, que ressalta a fé e a graça de Deus na salvação.

O termo 'grego é frequentemente usado para se referir a todos os povos não judeus. Acredita-se que o Evangelho, ou seja, as boas novas da salvação por meio de Jesus Cristo, tenha o poder divino de transformar e salvar aqueles que depositam sua fé nele. Esta é uma mensagem central do cristianismo, que ressalta a fé e a graça de Deus na salvação.

A importância da fé em Jesus Cristo e do papel do Espírito Santo na vida dos fiéis é fundamental. Como mencionado em João 14:16-27, Jesus promete o Espírito Santo, o Espírito de verdade, que o mundo não pode receber, mas que os discípulos conhecem, pois ele habita com eles e estará neles.

A importância da fé em Jesus Cristo e do papel do Espírito Santo na vida dos fiéis é fundamental. Como mencionado em João 14:16-27, Jesus promete o Espírito Santo, o Espírito de verdade, que o mundo não pode receber, mas que os discípulos conhecem, pois ele habita com eles e estará neles.

A busca pela verdade e pela vida, conforme mencionada em João 14:6, é um caminho que requer mais do que simples aceitação; exige um engajamento activo com a Palavra de Deus e uma reflexão constante sobre o significado da autoridade no nome de Jesus. Em um contexto onde dúvidas e incertezas são persistentes, como a fé pode servir como alicerce?

Embora a fé em Jesus Cristo seja essencial na experiência cristã, ela enfrenta desafios e questionamentos. O papel multifacetado do Espírito Santo, prometido em João 14:16-27 como Consolador, Espírito da verdade e presença eterna, é crucial. Como discernir sua orientação em meio a tantas vozes conflitantes?

Que nossa fé seja um diálogo contínuo, não um monólogo de certezas. Que o Espírito Santo nos guie não apenas nos momentos claros, mas também através das névoas da incerteza e das complexidades da vida humana.

Jesus Cristo: O Significado Profundo da complementaridade curricular (Mateus 16:15)

Como começar a falar da vida de Jesus? Desde tempos imemoriais, Jesus Cristo tem estado activo na história da humanidade, e essa presença divina foi não só reconhecida, mas profundamente compreendida pelos principais apóstolos da fé cristã.

Muitas pessoas se referem a Ele como Jesus, mas é fundamental reconhecer a raiz desse nome.

Originalmente, a letra 'J' substituiu o som 'Y' do hebraico, e o nome 'Yeshua' significa 'O Senhor salva', pois conecta directamente a missão de Jesus com a salvação oferecida por Deus à humanidade.

Lourenço (2022), em seu livro *Evangelhos Apócrifos Gregos e Latinos*, oferece uma visão alternativa dos textos tradicionais sobre a vida de Jesus Cristo. Como mencionado anteriormente, esses evangelhos foram excluídos do cânone bíblico. No entanto, esses evangelhos apócrifos oferecem várias narrativas complementares pertinentes para a compreensão e interpretação da infância de Jesus:

1. Narrativas Apócrifas: O *Evangelho de Tiago* inclui detalhes sobre a família de Jesus, como a visita dos pastores e a reacção de Maria às acusações de virgindade.
2. O Evangelho Árabe da Infância: Relata a viagem da Sagrada Família ao Egipto, onde Jesus realiza milagres e interage com pessoas e animais.
3. Protoevangelho de Tiago: Descreve milagres realizados por Jesus durante sua infância, como moldar pássaros de barro e trazê-los à vida.
4. Evangelho de Tomé: Descreve Jesus como um menino sábio que realiza milagres, mas também como um menino normal que brinca com seus amigos e colegas.
5. Evangelho da Infância de Tomé: Relata uma história em que Jesus é enviado para a escola e surpreende seus professores com seu conhecimento e sabedoria superior.

O *Evangelho de Pseudo-Mateus* descreve Jesus como um menino que demonstra interesse e compreensão incomuns da natureza e dos elementos naturais desde tenra idade e Alguns evangelhos apócrifos, como o *Evangelho da Infância de Tomé*, retratam Jesus envolvido em discussões teológicas com os adultos, demonstrando sua profunda compreensão espiritual desde jovem.

Análise Reflexiva da Vida de Jesus traduz uma representação dos valores, significados e padrões de vida e, simultaneamente, é também uma fonte de conhecimentos e compreensões (de amor, sacrifício e serviço), necessárias para ajuizar com nobreza (*Atos 17.11*) o entendimento cultural socialmente assumido. É um produto construído a partir de sistematizações de dogmas e rituais de matriz humana, que mantém cativa no pecado a mente que, embora pareça credível, é infundadamente existente e pregada (quase sempre) nas organizações formais pelos templistas.

Embora vivamos em um mundo em constante transformação, essa pergunta continua relevante e desafiadora. Ela nos instiga a reflectir sobre o significado profundo da mensagem de Jesus em nossas vidas. Como interpretamos essa questão hoje? Qual é a resposta que ressoa em nossos corações?

Em *Gênesis 3.15*, é revelado o profundo significado do nome *Yeshua*, também conhecido como Jesus, conforme descrito em João 1:1-6. Esta passagem levanta a eterna questão: 'Quem vocês dizem que eu sou?' (*Mateus 16.15*).

No Antigo Testamento, Ele se manifestava de maneira única como o "Anjo do Senhor". Esta figura transcende a simples categorização dos anjos comuns mencionados na Bíblia, pois não apenas aceitava ser adorado como falava com autoridade divina, evidenciando-se como uma manifestação directa de Deus.

Ao examinarmos as Escrituras, é notável que o "Anjo do Senhor" não pode ser equiparado aos outros mensageiros celestiais. Em passagens como *Gênesis 16.7-14,* vemos como Ele não só conforta Hagar no deserto, mas aceita sua adoração e revela o plano divino para sua vida. Essa aceitação de culto só é possível porque Ele é mais do que um simples emissário; é a própria presença de Deus entre os homens.

A nosso ver, as narrativas e fragmentos dos evangelhos apócrifos sobre a infância de Jesus orientam para o entendimento de Jesus como Pessoa Humana Perfeita e, julga-se que este entendimento não desmerece os conteúdos curriculares dos Evangelhos Canônicos.

No Antigo Testamento, o "Anjo do Senhor" é uma figura distintamente singular. Não se trata apenas de um anjo descrito com letra minúscula, mas de uma presença divina que prefigura a vinda de Cristo.

Os apóstolos Paulo, Pedro e João convergem nesta interpretação, identificando o "Anjo do Senhor" como Cristo, que foi emulado desde a fundação do mundo (1 Pedro 1:20). Esta visão não apenas reforça a continuidade da obra redentora de Cristo ao longo da história, mas também sublinha a centralidade de Cristo como a manifestação suprema de Deus na história da humanidade.

Assim, ao considerarmos essa interpretação profunda e bíblica, somos confrontados com a realidade de que Jesus Cristo não apenas apareceu como o "Anjo do Senhor", mas é verdadeiramente a manifestação divina que conecta os desígnios eternos de Deus desde o princípio dos tempos até a consumação de todas as coisas. Esta compreensão não apenas enriquece nossa fé, mas também nos desafia a considerar profundamente a natureza e o propósito de Cristo como o cumprimento das promessas divinas ao longo da história da humanidade.

Como já foi referido, o Significado Profundo de Jesus é encapsulado na pergunta fundamental que ele fez aos seus discípulos: *"Who do you say that I Am?"(Mateus 16.15).*

Por todas essas razões, reflectir sobre essa pergunta com sinceridade e encontramos em Jesus Cristo o significado profundo de nossa fé e esperança. É neste quesito, que temos referido que Deus tem uma razão para tudo o que faz, e uma das maiores dádivas que Ele nos concedeu foi a vinda de Jesus como um libertador da humanidade.

Trata-se de uma complementaridade curricular e não propriamente de um caso de merecimento ou desmerecimento. Decerto que testemunham a respeito de Jesus Cristo.

Aliás, os textos não poderiam ser uniformes de conteúdos e processos narrativos, ambos dão resposta à diversidade dos acontecimentos possíveis de registo, sem perder de vista as variáveis locais, pessoais e outras que os testemunham! Uns são mais detalhistas e outros nem tanto, mas testemunham os mesmos acontecimentos em palavras próprias. Lembramos-lhe que, assim como o pessoal é diverso, também o local é uma diversidade Claro, devemos reter o que é bom "Examinem tudo cuidadosamente, abracem o que é bom." (1 Tessalonicenses 5:21).

O nome Yeshua, ou Jesus, carrega consigo a promessa de salvação e redenção. A pergunta de Jesus sobre Sua identidade nos convida a mergulhar mais fundo na compreensão de Sua mensagem e propósito em nossas vidas. Ele é aquele que nos oferece a oportunidade de nos tornarmos filhos de Deus e o caminho para a vida eterna.

Yeshua é uma transliteração do hebraico original associado a Jesus Cristo, que viveu na Palestina entre 1 EC (Era Comum) e cerca de 33 EC. Para muitos, a resposta está na fé e no relacionamento pessoal com Jesus. João 1:12 nos lembra que, àqueles que O receberam, Ele deu o direito de se tornarem filhos de Deus. Além disso, João 14:6 afirma que Jesus é o caminho, a verdade e a vida. Sua mensagem e Seu sacrifício na cruz são fundamentais para a fé cristã.

Efectivamente, a discussão de alguns evangelhos apócrifos, como o Evangelho da Infância de Tomé, retrata Jesus envolvido em discussões teológicas com os adultos, demonstrando sua profunda compreensão espiritual desde jovem. O Evangelho de Pseudo-Mateus descreve Jesus como um menino que demonstra interesse e compreensão incomuns da natureza e dos elementos naturais desde tenra idade.

Como referido, a análise reflexiva da vida de Jesus traduz uma representação dos valores, significados e padrões de vida e, simultaneamente, é também uma fonte de conhecimentos e compreensões (de amor, sacrifício e serviço), necessárias para ajuizar com nobreza (Atos 17:11) o entendimento cultural socialmente assumido.

A nosso ver, as narrativas e fragmentos dos evangelhos apócrifos sobre a infância de Jesus orientam para o entendimento de Jesus como Pessoa Humana Perfeita e, julga-se que este entendimento não desmerece os conteúdos curriculares dos Evangelhos Canônicos. Trata-se de uma complementaridade curricular e não propriamente de um caso de merecimento ou desmerecimento. Decerto que testemunham a respeito de Jesus Cristo.

Aliás, os textos não poderiam ser uniformes de conteúdos e processos narrativos, ambos dão resposta à diversidade dos acontecimentos possíveis de registo, sem perder de vista as variáveis locais, pessoais e outras que os testemunham! Uns são mais detalhistas e outros nem tanto, mas testemunham os mesmos acontecimentos em palavras próprias. Lembramos-lhe que, assim como o pessoal é diverso, também o local é uma diversidade Claro, devemos reter o que é bom "Examinem tudo cuidadosamente, abracem o que é bom." (1 Tessalonicenses 5:21).

Diante da pergunta *'Who do you say that I Am*?', o Apóstolo Pedro, agraciado pela revelação do Pai celestial, proclamou: 'Tu és o Messias, o Filho do Deus vivo.' Esta confissão não apenas revela a verdadeira natureza de Jesus (Mateus 16.16-17), mas também nos conduz a uma compreensão mais profunda de quem Ele é e do propósito de sua vinda em nossas vidas. Que essa reflexão nos inspire a buscar um relacionamento mais íntimo com Jesus, o Messias prometido, que traz esperança e vida eterna a todos que crêem.

CAPÍTULO 4: APRENDIZAGENS BÁSICAS E REFLEXÕES CONTEMPORÂNEAS DO EVANGELHO

A Nobreza Cristã: Reflexão e Discernimento

Actualmente, testemunhamos o surgimento de diversas denominações religiosas e líderes autoproclamados, que pregam doutrinas baseadas na tradição humana e em rituais passageiros. Esses desafios contemporâneos exigem um discernimento cristão sólido, baseado na nobreza de buscar a verdade e permanecer firme na sã doutrina (1 Timóteo 4:1-2).

Neste contexto evangélico actual, muitas práticas e crenças questionáveis têm emergido, levando a uma preocupante falta de discernimento entre os fiéis. Este subtema explora o conceito de nobreza cristã, destacando a importância do discernimento crítico e da fidelidade à Palavra de Deus em meio à diversidade de ensinamentos e práticas.

Com base em passagens como Atos 17:11, Mateus 23:9 e João 4:19-24, examinaremos como a nobreza cristã pode nos guiar em um mundo repleto de desafios religiosos.

Muitos fiéis no meio evangélico têm adoptado práticas questionáveis, como chamar líderes religiosos de "pai" ou "apóstolo". Isso, em parte, reflecte a falta de discernimento e consciência crítica entre os crentes. A ausência de uma consciência fundamentada na Palavra de Deus torna os fiéis vulneráveis à manipulação e ao cumprimento passivo de doutrinas questionáveis.

Atos 17:11 nos lembra que os fiéis não devem aceitar cegamente o que é ensinado, mas devem ser ativos na busca da verdade. Isso implica verificar a veracidade das mensagens que estão ouvindo e compará-las com as Escrituras.

A nobreza cristã nos desafia a buscar a verdade de maneira diligente. Mais do que templos feitos pelas mãos dos homens, a verdadeira adoração, como descrita em João 4:19-24, transcende barreiras físicas. Ela nos liberta das limitações impostas por construções religiosas e nos une em fé e amor genuínos. Essa adoração autêntica é um reflexo da nobreza cristã, que prioriza a verdade e a busca pela presença de Deus.

A nobreza cristã é um chamado à reflexão e discernimento crítico em meio a um cenário religioso diversificado. A falta de discernimento pode levar à aceitação acrítica de práticas e ensinamentos questionáveis, enquanto a nobreza cristã nos desafia a buscar a verdade com diligência.

Em um mundo onde a apostasia e falsas doutrinas podem seduzir os crentes, a nobreza cristã é um fundamento sólido para permanecer fiel à Palavra de Deus e à verdadeira adoração.

Como provavelmente sabe, a maior parte do Antigo Testamento da Bíblia Sagrada é extraída do Tanakh, que é a colecção canônica de textos judaicos. Estes textos, que incluem a Torá (Lei), *Nevi'im* (Profetas) e *Ketuvim* (Escritos), formam a base do Antigo Testamento da Bíblia Sagrada. Embora a disposição e o número de livros possam variar entre as tradições judaica e cristã, o conteúdo curricular é amplamente semelhante, com o Antigo Testamento é reflectido grande parte da narrativa, lei, profecia e literatura de sabedoria encontrados no *Tanakh*.

Alerta-se que no Antigo Testamento, há leis e práticas que não estão mais em vigor hoje na legislação dos judeus. Com o tempo, a interpretação e aplicação da Lei Judaica (Halachá) evoluíram, adaptando-se às circunstâncias modernas e às necessidades da comunidade judaica. *Halachá* é o conjunto de leis judaicas que regula todos os aspectos da vida judaica, incluindo rituais, ética, práticas religiosas, alimentação, entre outros.

É baseada principalmente na Torá escrita (os cinco primeiros livros da Bíblia) e na tradição oral, interpretada ao longo dos séculos por rabinos e estudiosos. A *Halachá* orienta como os judeus devem viver de acordo com os mandamentos divinos e as práticas tradicionais. Atenção, algumas leis foram específicas para o contexto histórico e cultural do Antigo Israel e não são directamente aplicáveis na vida judaica contemporânea. Por exemplo, Hebreus 7 menciona a mudança do sacerdócio de Levi para o rei de Judá, ilustrando como mudanças no sacerdócio também podem influenciar na aplicação da lei.

Portanto, enfatizamos que o foco deve ser na pregação do Evangelho, como orientou Jesus Cristo, priorizando a difusão das Boas-Novas sem desvios.

Que o evangelho continue a se manifestar em nossas vidas, guiando-nos na busca pela nobreza cristã e pela verdade divina.

É a Nós que Jesus (Evangelho) fala

Neste subtema, reflectimos sobre a importância do Evangelho em nossas vidas e como ele nos convida a compreender sua mensagem para alcançar a vida eterna. A Bíblia, embora seja valiosa para a vida humana, é o Evangelho que dá significado à nossa jornada espiritual. Abordaremos como entender essa mensagem é essencial e como a autoridade do Evangelho é fundamental para nossa fé.

O Evangelho é a mensagem central que nos convida à vida eterna. Como cristãos, somos chamados a compartilhar essa mensagem para que outros também possam encontrar a vida eterna em Jesus Cristo. É importante reconhecer que esta mensagem não é apenas uma parte da Bíblia, mas o cerne de nossa fé.

Compreender a Bíblia é fundamental para nossa jornada espiritual. Devemos reconhecer que os livros do Antigo Testamento, como Gênesis, estão relacionados à religião judaica, enquanto o Evangelho, localizado no Novo Testamento, é o coração da fé cristã. Aceitamos a autoridade do Evangelho como a Encarnação da Verdade (João 14:6) e a mensagem de Jesus Cristo.

A compreensão da Bíblia nos permite discernir entre as tradições religiosas judaicas e a mensagem cristã centralizada no Evangelho. Isso nos ajuda a estabelecer nossa fé em Jesus Cristo como o caminho, a verdade e a vida.

A verdadeira compreensão nos permite viver em conformidade com o Evangelho e seguir os ensinamentos de Jesus.

O Evangelho é uma chamada à vida eterna, e é a nós, cristãos, que essa mensagem é dirigida. Compreender a Bíblia, reconhecendo a autoridade do Evangelho, é fundamental para nossa fé.

Devemos discernir entre as tradições religiosas e a mensagem central de Jesus Cristo.

Ao fazê-lo, encontramos significado em nossa fé e seguimos o caminho da verdade e da vida eterna. Que todos possamos viver de acordo com essa compreensão, agindo em conformidade com o Evangelho que nos guia.

O Perdão de Deus que Habita em Mim vs Perfeita reconciliação com Deus

Desde o início da história da humanidade, o pecado tem sido uma presença constante na vida das pessoas. No livro de Gênesis, encontramos a narrativa da queda do homem, quando Adão e Eva desobedeceram o mandamento de Deus ao comerem do fruto proibido (Gênesis 2:16-17). Isso não foi apenas um ato de desobediência, mas também representou uma quebra da comunhão entre Deus e a humanidade.

Facto seguido por acontecimento de correcção do curso da humanidade, conforme descritos em *Génesis 3.15, Isaías 9.4 e João 1.29-30.* Após a queda de Adão e Eva, Deus pronuncia uma maldição sobre a serpente, anunciando uma futura descendência que esmagaria a cabeça da serpente. Esta descendência é uma referência a Jesus Cristo, que triunfa sobre o pecado e a morte.

Isaías 9:4 fala sobre a libertação de Israel do jugo de seus inimigos. Simbolicamente, podemos ver Jesus como aquele que traz a verdadeira libertação espiritual, livrando as pessoas do poder do pecado e da morte. Essa mensagem inspirada por Deus é confirmada pelo João Batista que a respeito de Jesus atestou: "Eis o Cordeiro de Deus, que tira o pecado do mundo! Este é aquele de quem eu disse: Depois de mim vem um homem que é antes de mim, porque foi primeiro do que eu." (João 1:29-30).

Isaías 9:4 em diferentes versões da Bíblia:

> "ACF):"Porque tu quebraste o jugo da sua carga, e o bordão do seu ombro, e a vara do seu opressor, como no dia dos midianitas." (NVI):"Pois tu destruíste o jugo que os oprimia, a canga que estava sobre os seus ombros e a vara de castigo do seu opressor, como no dia da derrota de Midiã." (Isaías 9:4).
>
> "(ACF):No dia seguinte, João viu Jesus que vinha a ele e disse: 'Eis o Cordeiro de Deus, que tira o pecado do mundo. 'Este é aquele de quem eu disse: 'Depois de mim virá um homem, que me é superior, porque existe antes de mim.'"
> (NVI):"No dia seguinte João viu Jesus aproximando-se e disse: 'Vejam! É o Cordeiro de Deus, que tira o pecado do mundo! Este é aquele a quem eu me referi, quando disse: 'Vem depois de mim um homem que é superior a mim, porque já existia antes de mim.'"
> (NTLH):"As Escrituras Sagradas afirmam: 'O ser humano não vive só de pão, mas vive de tudo o que Deus diz..'" (João 1:29-30).

Aqui, Jesus é retratado como o sacrifício perfeito que remove o pecado e restaura a comunhão entre Deus e a humanidade.

Esses versículos, Genesis 3.15, Isaías 9.4 e Joao 1.29-30 são significativos porque marcam o reconhecimento público de João Batista da identidade e missão de Jesus. Ele o chama de "Cordeiro de Deus", uma referência simbólica ao sacrifício expiatório que Jesus faria para redimir a humanidade de seus pecados. Essa frase "redimir a humanidade de seus pecados" também é uma antecipação do ministério prático de Jesus, que culminaria em sua morte na cruz e sua ressurreição, abrindo o acesso do caminho ao Pai, (João 14:6):

Gênesis 3:15 em três diferentes versões da Bíblia em português:

> (NVI-PT):"Porei inimizade entre você e a mulher, entre a sua descendência e o descendente dela; este lhe ferirá a cabeça, e você lhe ferirá o calcanhar."[1]
>
> (ARC2009)"E porei inimizade entre ti e a mulher e entre a tua semente e a sua semente; esta te ferirá a cabeça, e tu lhe ferirás o calcanhar."
> (TB)"E porei inimizade entre ti e a mulher, e entre a tua semente e a sua semente; esta te ferirá a cabeça, e tu lhe ferirás o calcanhar."

Assim como João Batista, o Apostolo João e não só, também reconhece(m) a preeminência de Jesus sobre si mesmo, afirmando que Jesus existia antes dele e é superior a ele. Isso ressalta a natureza divina, disponível em Jesus, mas também a sua posição única enviado de cumprir o plano de redenção da humanidade, que felizmente foi consumado a mais de 2000 anos.

Portanto, a natureza divina Perfeita", está disponível em Jesus. Basta-nos acessa-la, simbolicamente falando, a treva não persite a luz. Dito de outro modo, o pecado separa as pessoas de Deus. Mas a salvação é um acto de Deus, conforme afirmado em Romanos 9:18.

Crer e amadurecer vão além da simples crença em Deus; é um convite para conhecer. Como já referido, reiteramos; mais do que meramente entender a Bíblia Sagrada, é vital compreender os contextos, considerando as alianças prévias estabelecidas e os propósitos subjacentes nela. Entender que este perdão de Deus assenta-se na perfeita reconciliação que alcançamos com Deus. Quanto à essa Perfeita Reconciliação com Deus, há muito que aprender e desaprender, especialmente na ausência de uma palavra revelada.

É importante reconhecer que a perfeição, alcançada por Cristo há mais de 2000 anos, está (também) ao nosso alcance.

É lamentável observar que o sistema religioso e muitas igrejas ainda persistem em pregar um Evangelho limitado, influenciado por interpretações intencionais e ancorado na Antiga Aliança. Isso perpetua a concepção de que o pecado, o dízimo e a morte que lançam a humanidade nas trevas. O sistema religioso e muitas igrejas obscurecem a mensagem da Perfeita Reconciliação com Deus e afasta as pessoas a Sã Doutrina.

Como Evangelista do século XXI, comprometemo-nos a disseminar a Sã Doutrina, destacando a mensagem da perfeição humana fundamentada no propósito da vinda, morte e resssurreição de Jesus, o Cristo. Nossa missão é iluminar essa verdade intencionalmente esquecida pelo Sistema Religioso, proporcionando uma compreensão mais clara da Sã Doutrina.

Buscamos orientar para uma maior consciência e clareza sobre o significado do Evangelho em termos da perfeição humana como nova criatura, em um contínuo processo de amadurecimento na fé, e experimentando a consciência de boas escolhas e comportamentos alinhados com a vontade perfeita de Deus, conforme Efésios 4:13 e Romanos 3:22-23.

O foco está em cuidar do nosso "sujeito cognitivo" muitas vezes adjectivado de alma, coração, mente e/ou comportamento. Decerto, Jesus veio para corrigir as consequências do pecado original, e fê-lo com a perfeição devida.

Anunciar a "Perfeita reconciliação com Deus", não é um tema novo, infelizmente foi intencionalmente relegado pela elite religiosa é escondido pelas instituições religiosas. Ao discernirmos a vontade perfeita de Deus um conhecimento mais profundo da Sã Doutrina é revelado. Percebe-se nitidamente que, como já referido Jesus veio para corrigir as consequências do pecado original, e fê-lo com a perfeição devida.

Cientes dos desafios do século XXI, buscamos relevância ao despertar a consciência da vida eterna e da identidade cristã, contextualizando-as na Nova Aliança. Todavia, a proficiência augurada no Evangelho enquadra-se na missão de evangelizar e fazer discípulos, aqui apelidados de mentores para anunciar a Perfeita reconciliação com Deus, entre os académicos e não só, conforme descrito em *Mateus 28. 19-20, Marcos 16.15*, concatenado com *1 Coríntios 9.16, Atos 21.8 e Lucas 24.47*.

O perdão de Deus é um dos pilares centrais da nossa fé. Esse perdão é muito mais do que um ato de clemência divina; ele representa uma profunda transformação espiritual que ocorre quando alguém se entrega a Deus pelo caminho da verdade e da vida.

Digamos, no momento em que Adão pecou, a comunhão com Deus foi perdida. A desobediência aos princípios de Deus resultou na perda da natureza divina Perfeita" tendo como consequência a morte espiritual (Efésios 2:1).

No entanto, com a obediência de Jesus a natureza divina Perfeita" é restaurada, e devidamente expressa Essas nas palavras finais de Jesus antes de sua morte na cruz, onde ele declara" (...) que tudo está consumado. Essa frase tem um significado profundo, indicando que a obra da redenção humana, para a qual ele veio à Terra, foi realizada. Jesus cumpriu o propósito de sua missão, que era oferecer-se como sacrifício pelos pecados da humanidade. Sua morte na cruz foi o ápice desse sacrifício, e sua ressurreição posterior confirma sua vitória sobre o pecado e a morte.

Jesus Cristo afirmou em João 8:44, quando disse que o diabo é o pai da mentira e que o A Bíblia nos ensina que Jesus é o caminho, a verdade e a vida (João 14:6), e que a

Fomos comprados com um preço, o precioso sangue de Jesus Cristo (1 Pedro 2:24-25). Ele se tornou o sacrifício perfeito para nos reconciliar com Deus. Em 2 Coríntios 5:21, lemos que Deus fez Cristo, aquele que não conheceu pecado, se tornar pecado por nós, para que, por meio dele, pudéssemos nos tornar justiça de Deus. Além disso, Colossenses 2:14 nos diz que Jesus cancelou o escrito da dívida que estava contra nós, cravando-o na cruz.

Deus cumpriu Sua sentença sobre o esmagamento da serpente, conforme profetizado em Jeremias 1:12. A vitória sobre o pecado e Satanás foi conquistada através de Jesus Cristo.

Quando aceitamos Jesus como nosso Senhor e Salvador, somos transformados em uma nova criatura (2 Coríntios 5:17). A partir desse momento, não somos mais escravos do pecado, mas filhos de Deus, herdeiros da salvação (Romanos 8:1; 2 Timóteo 2:11).

O perdão de Deus habita em nós, e nenhuma condenação paira sobre os crentes cristãos. Somos redimidos, restaurados e reconciliados com Deus, graças ao sacrifício de Jesus na cruz. Essa é a essência da fé cristã: o perdão que nos habita, nos transforma e nos conduz à vida eterna em comunhão com o Pai celestial. Portanto, podemos afirmar com gratidão e confiança que "A Pureza de Deus que habita em mim" é uma realidade através da obra redentora de Jesus Cristo.

Enquanto a abordagem tradicional enfatiza a necessidade de reconhecer o pecado e buscar a redenção, a perspectiva do perdão que habita em nós nos convida a considerar como a Nova Realidade Cristã transcende o moralismo conceptual da imperfeição e do pecado. A conscientização sobre o perdão que habita em nós levanta questões cruciais. Mas o Evangelho ensina que nossa verdadeira nutrição espiritual provém da Palavra que vem da boca de Deus. Assim, ao seguir esses princípios, obedecemos a um dos passos iniciáticos e essenciais no tratamento do pecado.

CAPÍTULO 5: SEGURANÇA COGNITIVA

5.1. Prolegómenos

Até aqui, continuamos a assistir a uma sociedade contemporânea que perpectua um paradigma educacional centrado em conceitos rudimentares da doutrina de Jesus, caracterizada pela aprendizagem da imperfeição humana, enfatizando pecado, dízimo e morte eterna em detrimento da aprendizagem sobre o "caminho, a verdade e a vida", centrada (na vinda e morte de Jesus) em Cristo.

Também se negligencia a permanência do Espírito Santo, que para muitos traduz-se na força activa de Deus. Esta sociedade do século XXI, a cada dia, é inundada por informações detalhadamente intencionais, maioritariamente para a idiotização colectiva por grupos ou classes formalmente constituídos para os devidos efeitos. Por todas estas razões, as pessoas apresentam-se frequentemente carentes de substância, suscitando, assim, a urgência de discernimento em relação às ferramentas e técnicas já disponíveis em Cristo para avançar rumo a perfeição (Hebreus 6.1).

5.2. Crenças científicas e acientíficas (Mateus 4.4)

Conhecem-se as lendas de crenças científicas e acientíficas que parecem credíveis, como, por exemplo, a de crer que o homem veio do macaco para ser-se aceite na ciência, que,mesmo assim, não nega o sentido primário das causa, tampouco se vangloria de ser o mais importante crença entre os vários tipos de conhecimento. Aliás, essa matéria é básica no Campo de Introdução à Investigação Científica, que ao apresentar a ciência como falível, encara o conhecimento percebido como teológico como infalível. Marconi A. e Lakatos E. (2010), ao falar sobre a ciência, conhecimento científico e outros tipos de conhecimento, destacam o seguinte:

> "Desde a antiguidade até aos nossos dias, iletrados e/ou desprovidos de outros tipos de conhecimento, sabiam o momento da semeadura, a época da colheita, a necessidade da utilização de adubos, as providências a serem tomadas para a defesa das plantações de ervas daninhas e pragas, e todo o tipo de solo adequado para as diferentes culturas. Tinha também o conhecimento de que o cultivo do mesmo tipo, todos os anos, no mesmo local, exaura o solo. (...) o início da Revolução Agrícola não se prende ao aparecimento, no século XVIII, de melhores arados, enxadas e outros tipos de maquinaria, mas à introdução, na segunda metade do século XVII, da cultura do nabo e do trevo, pois o seu plantio evitava o desperdício de deixar a terra em pousio: sem cultivo, revitalizava o solo, permitindo o uso constante.

Hoje, a agricultura utiliza-se de sementes seleccionadas, de adubos químicos, de defensivos contra as pragas e tenta-se, até, o controle biológico dos insetos daninhos." (p. 57).

Para eles, mesclam-se, neste exemplo, do conhecimento vulgar e/ou popular, transmitido de geração para geração por meio de uma educação informal e baseada em imitação e experiência pessoal, portanto, empírico e desprovido de conhecimento sobre a composição do solo, das causas do desenvolvimento das plantas, da natureza das pragas, do ciclo reprodutório dos insetos, etc. Segundo eles, o conhecimento científico é transmitido por intermédio de treinamento apropriado, sendo um conhecimento obtido de modo racional e conduzido por meio de procedimentos científicos. Visa explicar "porquê" e "como" os fenómenos ocorrem, na tentativa de evidenciar os factos que estão correlacionados numa visão mais globalizante do que a relação com um simples facto - uma cultura específica, de trigo, por exemplo (pp. 57-58).

Se o fundamento do conhecimento científico consiste na evidência dos factos observados e experimentadamente controlados, no caso do conhecimento teológico, o fiel não se detém à procura de evidências, pois toma como causa primeira, ou seja, de revelação divina. Nesta perspectiva, Trujillo (1974:14), citado por Marconi, A. e Lakatos, E. (2010), apresenta quatro tipologias de conhecimento, nomeadamente, popular, científico, filosófico e religioso (teológico). O surpreendente é que, ao explicitá-los, tomando como referência o conhecimento religioso (teológico), afirma: "a ciência é de todo um conjunto de atitudes e actividades racionais, dirigidas ao sistemático conhecimento com objecto limitado, capaz de ser submetido à verificação" (p. 62).

5.3. A Natureza poderosa do Evangelho e o nível de Pragmatismo de segurança cognitiva

Esta abordagem desafiadora e questionável suscita interrogações substanciais sobre o nível de Pragmatismo, em termos de interpretação de conteúdos curriculares no contecxto de Lucas 8.11 explicada detalhadamente em Mateus 13.3-9 e 18-23, cujos consenso é encontrado em Lucas 6. 43-45 nos termos seguintes:

> "Porque não há árvore boa que dê mau fruto, nem árvore má que dê bom fruto. Porque cada árvore se conhece pelo seu próprio fruto; pois não se colhem figos dos espinheiros, nem dos abrolhos se vindimam uvas. O homem bom do bom tesouro do coração tira o bem, e o homem mau do mau tesouro tira o mal; porque a boca fala do que está cheio o coração."

Mateus 7:17-18: "Assim, toda árvore boa produz bons frutos, mas a árvore má produz frutos ruins. Uma árvore boa não pode dar frutos ruins, nem uma árvore ruim pode dar frutos bons." No quesito da natureza poderosa do Evangelho, as verdades espirituais, impacta, quer queiramos, quer não em todos os aspectos da vida de quem as consome.

Isso significa que, independentemente das tendências teológicas que possam surgir, somos alimentados e consequentemente transformados, consuante a semente que recebemos. (vide **Mateus** 4.4; 13.23): "E o que foi semeado em boa terra é aquele que ouve a palavra e a compreende; este frutifica e produz a cem, a sessenta e a trinta por um.".

Porém, são muitos os textos que ressaltam a extraordinária natureza do Evangelho. Um exemplo encontra-se em João 1:5, onde se afirma: 'A luz resplandece nas trevas, e as trevas não prevaleceram contra ela.' Este versículo não apenas sublinha a supremacia da luz sobre as trevas, mas também sugere a invencibilidade da mensagem do Evangelho. Ela tem o poder de penetrar e dissipar as mais densas trevas espirituais. Além disso, em João 1:12, lemos: 'Mas a todos quantos o receberam, deu-lhes o poder de serem feitos filhos de Deus, aos que creem no seu nome.' Essa passagem evidencia como a recepção do Evangelho transforma aqueles que crêem, conferindo-lhes o privilégio de serem filhos de Deus. O Evangelho nos torna perfeito. Como podemos perceber quem ensina a existência do pecado colhe pecado. (vide Romanos 12.2).

CAPITULO 6: RACIONALIDADE LIBERTÁRIA DO EVANGELHO: DEVE SER OU NÃO VEICULADO?

6.1. Prolegómenos.

Curricularmente falando, não pode existir uma única e acabada interpretação dos conteúdos curriculares. Assim como a vida, tudo evolui. Foi a sistematização ocorrida no ano de 325 que consagrou aquilo que hoje são os livros da Bíblia Sagrada e sencretizou os textos adjectivados de apócrifos. Efectivamente, todo um projecto selectivo é intencional – onde, é privilégiado os interesses da classe dominante, que fundamentalmente, toma decisões de impacto global muitas vezes (quase sempre) sem o mínimo de conhecimento prévio e/ou dependente da crença de partida instrumentalizadas ou impostas.

Como já foi dito, o império romano legitimou o que é canónico e apócrifo, cujos critérios não são do conhecimento público. O Evangelho sistematizado, resultou inteiramente de lutas de poder entre grupos religiosos de matriz cristã que apresentaram diferentes ajuizamentos para incluírem suas intenções e excluírem as intenções dos outros textos tidos como falsificações atentatórios da ortodoxia, projectando-se neles um juízo de valor adjectival que denota de imediato os sentidos pejorativos de falso e de herético.

Lourenço, F. (2022) problematiza este dilema epistemológico da veracidade do juízo de valor em termos prático, seguinte:

> "Enquanto ao facto de serem falsificações, digamos que o conceito é pejortivo no contexto da primeira literatura cristã: o próprio novo testamento contém cartas paulinas que possivelmente não foram escritas por Paulo; e a verosimilhança de Pedro ter escrito duas epistolas que lhe são atribuídas no Novo Testamento é tão reduzida quanto a de ele ter escrito o apócrifo evangelho de Pedro. Assim, podemos dizer que a veracidade da autoria não é aquilo que distingue a escritura apócrifa da canónica, alem disso, nem toda a escritura apócrifa é herética.
>
> Pensemos, antes, no sentido original do adjectivo "apócrifo (em grego, *apókryphos*): "escondido" "secreto". É nesta acecção que a palavra usada por autores clássicos como Eurípides e Heródoto; e é com preciso sentido que é também em pregada nas suas três ocorrências no Novo testamento: Marcos 4.22; Lucas 8.17 e Colossenses 2.3" (p.13).

Pode considerar-se que este Marcos 4.22 é um exemplo mais específico do referido dilema.

 Apesar de certas coisas poderem estar escondidas ou ocultas inicialmente, agora, estão a ser reveladas e conhecidas, no contexto da inevitabilidade da revelação. O Evangelho é apresenta Jesus Cristo como objecto, cuja Palavra é absoluta, e por meio dela todas as coisas são e serão manifesta(da)s.

Neste desterro, podemos afirmar que, a sistematização do Evangelho canónico, result(a)ou inteiramente de lutas de poder entre grupos que apresentaram diferentes argumentações para incluírem o seus interesses e excluírem o dos outros. Pode considerar-se que este é um exemplo mais específico do dilema epistemológico e assim, sublinhar que, como já foi dito, "a veracidade da autoria não é aquilo que distingue a escritura apócrifa da canónica (…)" (Lourenço, F. 2022, p.13).

6.2. Questões de partida no contexto da pedagogia do Evangelho

Como sabemos, foram as Organizações formais que durante períodos milenares deturparam a essência do Evangelho, ao sistematizarem as narrativas conteúdos curriculares em um único livro bem conhecido: "a Bíblia Sagrada". E, como provavelmente sabe, o ponto de partida da leitura das narrativas sistemtizadas como estão na Bíblia, conduz-nos a dois caminhos, cuja compreensão e interpretação será absolutamente diferente:

1. Se for vista do Antigo Testamento ao Novo testamento, conduzir-nos-á uma organização formal, hierarquizada nos fundamentos do pecado, imperfeição e morte eterna.
2. E, se for a partir do novo Testamento, tendo a pessoa de Jesus como o referencial/centralidade hermenêutico, levar-te-á ao conceito de Evangelho nuclear, cujas aprendizagens básicas e essenciais introduzem **ao** evangelho como um organismo vivo, que transforma para a perfeição humana.

Como por exemplo o texto de Efésios 4:8 é um versículo encontrado no Novo Testamento da bíblia sagrada. E, está escrito:

> "Por isso é que foi dito: Subindo ao alto, levou cativo o cativeiro, e deu dons aos homens."

Efectivamente, a adiante é encontrado os cinco dons ministeriais "E ele mesmo concedeu uns para apóstolos, outros para profetas, outros para evangelistas e outros para pastores e mestres," (Efésios 4:11).

Portanto, a pessoa de Jesus é o referencial/ a centralidade hermenêutico, que adoptamos para a interpretação da própria Bíblia sagrada e elevar grau de satisfação do pelo bem, na vida social e cultural das comunidades de que são parte integrante, viver o Evangelho como um estilo de viva.

Para nós, o valor real dos Evangelhos, quer canónico, quer apócrifos reside no sentido de complementaridade curricular, constituindo-se como o exercício total de uma racionalidade libertária, dentro de determinadas centralidades hermeneútica, sendo condicionado pela fé. A complementaridade curricular evoca o sentido de oferecer pistas/ *insights* a compreensão e interpretação dos conteúdos curriculares sobre a vida terrena de Jesus e do seu Ministério prático.

6.3. Evangelho: Educação Contemporânea

A sociedade contemporânea perpetua um paradigma educacional centrado em conceitos tradicionais de imperfeição humana, enfatizando pecado, dízimo e morte, o que contradiz os princípios da Nova Aliança. Esta sociedade do século XXI, a cada dia, é inundada por informações detalhadas, frequentemente carentes de substância, suscitando, assim, a urgência de discernimento em relação às ferramentas e técnicas já disponíveis. Nesse contexto, é crucial reconhecer que, à semelhança de Adão e Eva, dotados de *livre-arbítrio*, mantemos a capacidade de influenciar o nosso ser em direcção à perfeição espiritual.

A palavra "Evangelho" tem origem no grego *euangelion*, que significa "Boas-Novas" ou "Boas-notícias". Este termo é central na fé cristã e, ao longo das epístolas de Paulo e do Evangelho de Marcos, é explorado em profundidade. Embora tenha uma história diversificada, encontra a sua conotação principal na literatura cristã, onde carrega o peso da mensagem central da salvação. Nos quatro evangelhos canónicos do Novo Testamento - Mateus, Marcos, Lucas e João - o conceito do "Evangelho" é primariamente definido pelo relato da vida, ensinamentos, morte e ressurreição de Jesus Cristo, tornando-se a base fundamental da fé cristã.

Essa questão levanta a possibilidade de uma mudança de enfoque na teologia, abandonando a abordagem convencional centrada nos conceitos de pecado e morte, e adoptando uma perspectiva que priorize a busca pela perfeição, conforme orientada pelas Escrituras. Ao fazer essa mudança, a pergunta indaga sobre as potenciais implicações em diferentes aspectos, incluindo:

- Provérbios 4.23: "Sobre tudo o que se deve guardar, guarda o teu coração, porque dele procedem as saídas da vida."
- Salmo 19.14: "Sejam agradáveis as palavras da minha boca e a meditação do meu coração perante a tua face, Senhor, Rocha minha e Redentor meu!"
- Salmo 51.10: "Cria em mim, ó Deus, um coração puro e renova em mim um espírito inabalável."
- Salmo 139.23-24: "Sonda-me, ó Deus, e conhece o meu coração; prova-me e conhece os meus pensamentos; vê se há em mim algum caminho mau e guia-me pelo caminho eterno."
- Mateus 4.4: "Ele, porém, respondendo, disse: Está escrito: Nem só de pão viverá o homem, mas de toda palavra que sai da boca de Deus."
- Mateus 15.18-19: "Mas o que sai da boca procede do coração, e isso contamina o homem. Porque do coração procedem os maus pensamentos, mortes, adultérios, prostituição, furtos, falsos testemunhos, blasfêmias."
- Efésios 4.23: "E vos renoveis no espírito da vossa mente."
- Tiago 4.7-8: "Sujeitai-vos, pois, a Deus; resisti ao diabo, e ele fugirá de vós. Chegai-vos a Deus, e ele se chegará a vós outros."
- Provérbios 16.3: "Confia ao Senhor as tuas obras, e teus projectos serão estabelecidos."
- Isaías 26.3: "Tu conservarás em paz aquele cuja mente está firme em ti; porque ele confia em ti."
- Lucas 6.45: "O homem bom, do bom tesouro do seu coração, tira o bem, e o homem mau, do mau tesouro, tira o mal, porque a boca fala do que está cheio o coração."
- Romanos 12.2: "E não vos amoldeis ao sistema deste mundo, mas sede transformados pela renovação da vossa mente, para que experimenteis qual seja a boa, agradável e perfeita vontade de Deus."
- Filipenses 4.8: "Quanto ao mais, irmãos, tudo o que é verdadeiro, tudo o que é honesto, tudo o que é justo, tudo o que é puro, tudo o que é amável, tudo o que é de boa fama, se há alguma virtude, se há algum louvor, nisso pensai."

- 1 Coríntios 10.5: "Destruindo raciocínios e todo baluarte que se ergue contra o conhecimento de Deus, e levando cativo todo pensamento à obediência a Cristo."

Portanto, tal como em Adão e Eva, a pessoa hoje peca porque quer. Ao percorrer os conteúdos curriculares nos escritos ancestrais, nas páginas eternas do Novo Testamento, podemos proclamar que o pecado original desvaneceu, cedendo lugar a uma luminosa natureza disponível há mais de dois milénios, como declaram a palavra de Deus em Hebreus 1.3, o pecado está purificado desde a Magnitude nas alturas, não apenas atenuando, mas extinguindo-o, criando uma nova definição dos salvos e condenados.

A luminosa natureza disponível confere-nos o poder de sermos filhos de Deus, conforme João 1.12 revela, onde Deus não concebe filhos pecadores. Assim, não podemos mais acreditar o cristão como essencialmente pecador; em Cristo, somos recriados como criaturas novas e perfeitas. Em Colossenses 1.13, entendemos que somos resgatados das trevas, transportados ao reino do Filho amado.

O pecado desvaneceu, e em Cristo, agora tal como em Adão e Eva, a pessoa peca porque quer...somos verdadeiramente renovados. Essa visão do Dilema Epistemológico do Evangelho transcende a mera crença religiosa nos rudimentos da doutrina de Cristo e é fundamentada nas evidências seguintes:

- O Ministério Prático (Hebreus 6.1) capacita o cristão a resistir ao pecado (Colossenses 1.13; João 1.12; 2 Coríntios 5.17 e Romanos 12.2).
- O cristão, informado, crê de maneira absoluta na autoridade da Palavra de Deus, que é o Evangelho.

Vários são os textos que apresentam a natureza poderosa do evangelho, que superou o pecado original. Esta abordagem é adjectivada por nós como a do Ministério Prático, cujos ensinamentos (do Novo Testamento) destacam especialmente a ideia do pecado purificado desde as alturas. Essa purificação não apenas atenua, mas extingue o pecado, redefinindo a condição dos salvos e condenados. É o que se pode depreender de (Marcos 16.15-16):

"E disse-lhes: Ide por todo o mundo, pregai o evangelho a toda criatura. Quem crer e for batizado será salvo; mas quem não crer será condenado." (Marcos 16.15-16).

É em Hebreus 1.3 onde se afirma que o pecado foi purificado desde as alturas. Essa purificação não apenas atenua, mas extingue o pecado, redefinindo a condição dos salvos e condenados. João 1.12 e 2 Coríntios 5.17 destacam a capacidade conferida de sermos filhos de Deus, ressaltando a transformação que ocorre em Cristo, onde os cristãos não são mais vistos como essencialmente pecadores, mas como criaturas novas que, através da renovação mental, experimentam a boa, agradável e perfeita vontade de Deus (Romanos 12.2).

O Evangelho em Colossenses 1.13 enfatiza essa perspectiva, que vai além da crença religiosa, sendo uma questão de ética cristã que estimula a evolução pelo resgate e a renovação em Cristo.

Como pode perceber, as evidências destacam a importância da compreensão e interpretação da natureza poderosa do Evangelho e prosseguir em direcção à perfeição, resistindo ao pecado na fé na autoridade da Palavra de Deus.

Como temos conduzido o debate, os pensamentos têm a sua génese nos conteúdos curriculares armazenados na memória humana. As nossas acções são como sementes plantadas, que, com o tempo, germinam e produzem frutos. Trata-se da relação intrínseca entre causa e efeito, mostrando que não há neutralidade em nossos actos; cada escolha carrega o potencial de gerar resultados positivos ou negativos.

A Bíblia não usa essa expressão directamente, mas ensina essa verdade em diversos versículos e analogias: Gálatas 6:7: "Não vos enganeis: de Deus não se zomba; pois aquilo que o homem semear, isso também ceifará." Jó 4:8: "Pelo que tenho observado, quem cultiva o mal e semeia maldade, isso também colherá." Colossenses 3:25: "Quem cometer injustiça receberá de volta injustiça, e não haverá excepção para ninguém." Provérbios 11:18: "O ímpio recebe salários enganosos, mas quem semeia a rectidão colhe segura recompensa." Em resumo, colhemos aquilo que plantamos.

Nossas motivações, acções e omissões produzem frutos da mesma natureza da semente em abundância. Deus também perdoa e transforma aqueles que se arrependem com fé. Porém, não confundamos essa relação com a ideia de Karma ou uma regra para prosperidade material.

CAPÍTULO 7: CONCLUSÃO

7.1. Síntese dos Principais Pontos

Neste livro, exploramos a realidade da Nova Criação e a vitória sobre o pecado e Satanás por meio de Jesus Cristo. Questionamos a eficácia da "Teologia do Pecado" e propusemos uma nova perspectiva centrada na busca pela perfeição humana. Desafiamos a tradição de ensinar a pecaminosidade em detrimento da perfeição, destacando a importância da busca pela verdade e da reflexão individual. Concluímos que a nobreza cristã e o perdão de Deus habitam a mente recriada do crente cristão.

7.2. Reflexões Finais

Nossas reflexões finais ressaltam a relevância do estudo, que inclui a integração de fé e ciência, o impacto teológico de uma nova perspectiva sobre o pecado, o conceito de "Segurança Cognitiva" e o desenvolvimento de competências através da renovação mental.

Reconhecemos que os cristãos não são pecadores, mas imagens de Deus transformadas, enfatizando a importância da escolha individual na busca da retidão e da obediência.

Investigamos a mensagem de liberdade encontrada no Evangelho e sua relevância para os desafios contemporâneos enfrentados pelos cristãos, incentivando uma reflexão crítica sobre as estruturas religiosas tradicionais e a busca por uma fé mais autêntica e pessoal. Concluímos ressaltando a natureza transformadora do Evangelho e o desafio que nos coloca para viver uma vida de fé e compromisso.

Ao interrogar sobre a eficácia hermenêutica da 'Teologia do Pecado' e o seu impacto na interpretação da Nova Realidade em Cristo, colocamos em causa duas evidências e dois questionamentos de partida, que então respondemos:

A Primeira evidência: "Pregar o pecado é tornar vã a cruz de Cristo"; Segunda evidência: "Quanto mais compreendemos o Evangelho, menos pulsões de culpas há":

Resposta à Primeira evidência: A insistência na culpabilidade humana pode desviar o foco do poder redentor da cruz de Cristo. Em vez de celebrar a libertação do pecado, essa abordagem pode perpetuar sentimentos de condenação e inadequação.

Resposta à Segunda evidência: Uma compreensão mais profunda do Evangelho, centrada na graça e na redenção, tem o potencial de diminuir as pulsões de culpa nas comunidades religiosas. Quando os fiéis são nutridos por uma mensagem de perdão e transformação, eles podem experimentar uma liberdade renovada em Cristo.

Primeiro Questionamento: "O que aconteceria com o pensamento nas comunidades religiosas contemporâneas se a ênfase teológica do ensino convencional sobre pecado e morte fosse deslocada?" Segundo questionamento: "O que aconteceria se reconsiderássemos o ensino teológico tradicional, baseado nos conceitos de pecado e morte, e avançássemos para pregar a perfeição humana?".

Resposta ao primeiro questionamento: Ao deslocar a ênfase teológica do pecado e da morte para a mensagem da graça e da redenção em Cristo, poderíamos testemunhar uma transformação significativa no pensamento das comunidades religiosas contemporâneas. Essa mudança de perspectiva poderia resultar numa vivência mais plena do Evangelho, onde a esperança e a alegria substituem a culpa e o medo.

Resposta ao segundo questionamento: Ao repensar o ensino teológico tradicional e direccioná-lo para a pregação da perfeição humana em Cristo, poderíamos abrir caminho para uma compreensão mais holística do Evangelho. Isso poderia levar a uma maior ênfase na transformação interior e no desenvolvimento espiritual, capacitando os crentes a viverem vidas mais alinhadas com o propósito divino.

Exploramos futuras áreas de pesquisa, incluindo a continuidade do debate sobre a eficácia da 'Teologia do Pecado' e a investigação dos conceitos de 'Segurança Cognitiva' e renovação mental na educação e formação cristã contemporânea.

Em suma, este estudo oferece uma análise profunda e abrangente que une fé e ciência, apresentando uma alternativa inovadora para 'pregar a perfeição humana'. Promovendo o desenvolvimento de competências essenciais através da renovação mental, estas contribuições tornam esta pesquisa indispensável para a educação e formação cristã nos dias actuais.

Relativamente ao Desenvolvimento de Competências: A perfeição humana é apresentada como uma condição possível de ser alcançada através da Técnica de Renovação Mental (TRM), apelidado neste trabalho como Segurança Cognitiva (SC) conceitos, cuja centralidade hermenêutica nos conduz à ideia de aprendizagem significativa do Evangelho (Mateus 5:48 e Romanos 12:2; Hebreus

6:1), promovem uma abordagem holística para a renovação da mente. Ao adoptar a TRM ou SC.

Os leitores são incentivados a uma transformação profunda e duradoura, alinhando-se com os princípios e ensinamentos do Evangelho para alcançar uma condição de plenitude e excelência, conforme expresso nas referências bíblicas citadas.

Para aqueles que desejam aprofundar o seu entendimento do Evangelho, sugerimos a leitura dos seguintes textos: Mateus 5.48; Hebreus 6.1; Romanos 12.2; 1 Coríntios 2.6; Tiago 1.17; João 2.5; Tiago 1.4; Lucas 6.40; Mateus 19.21; João 17.23; Tiago 3.2; 1 Pedro 5.10; 1 João 4.18; Colossenses 4.12; Colossenses 1.28; Filipenses 3.15-17; Efésios 4.13; 2 Coríntios 13.9; Filipenses 3.12. Lucas 8.14, em particular, oferece um vasto campo para investigação e reflexão contínua. 'Glória a Deus nas alturas, e paz na terra aos homens aos quais ele concede o seu favor.' Este versículo é uma mensagem de louvor a Deus e de esperança para a humanidade, expressando a boa vontade de Deus para com os homens."

REFERÊNCIAS BIBLIOGRÁFICA

Marconi, M., & Lakatos, E. (2010). Fundamentos de metodologia científica (7a ed.). Atlas.

Bíblia Sagrada. (1993). Almeida Revista e Actualizada. Sociedade Bíblica do Brasil.

Watch Tower Bible and Tract Society of Pennsylvania. (1987). Tradução do Novo Mundo das Escrituras. Revisão de 1987.

Jesus: Who Do You Say That I Am? (ISBN 9781603201742).

Almeida Revista e Actualizada (ARA):Sociedade Bíblica do Brasil. (1993). Almeida Revista e Actualizada. Disponível em: Bíblia Online

Nova Almeida Actualizada (NAA):Sociedade Bíblica do Brasil. (2017). Nova Almeida Actualizada. Disponível em: Bíblia Online

Tradução Brasileira (TB):Sociedade Bíblica do Brasil. (1917). Tradução Brasileira. Disponível em: Bíblia Online

Printed by Books on Demand GmbH, Norderstedt / Germany